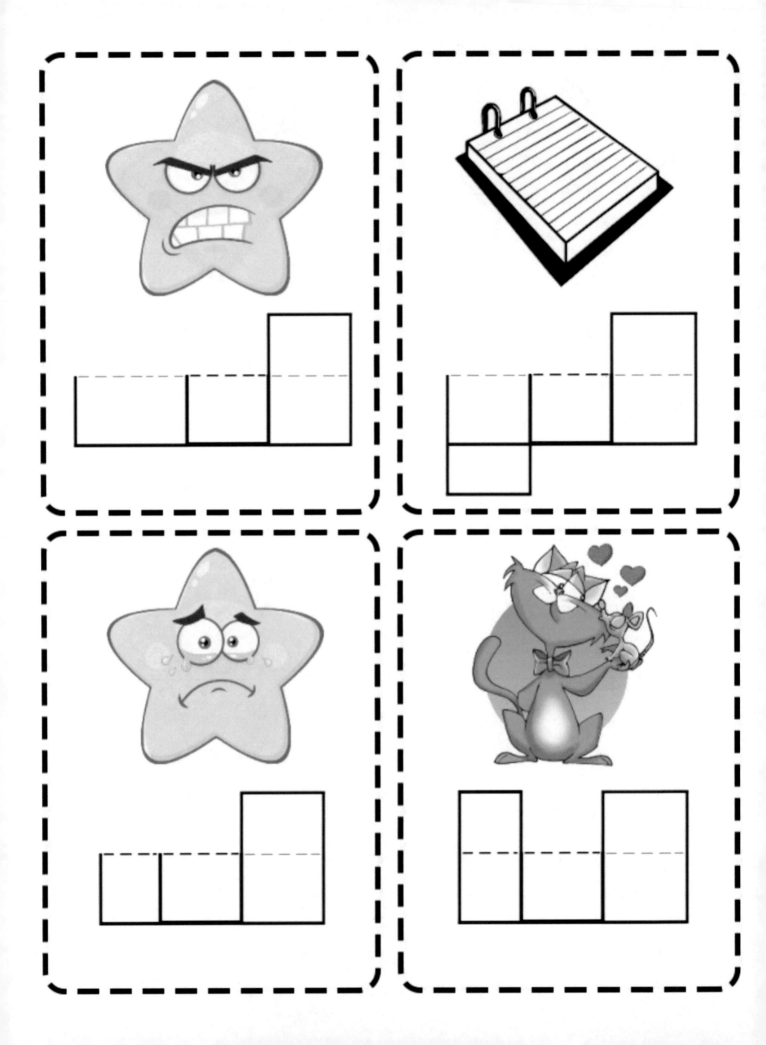

bag

b a g

b a g

gag

g a g

g a g

lag

l a g

l a g

nag

n a g

n a g

rag

rag
rag

sag

sag
sag

tag

tag
tag

wag

wag
wag

ban

b a n

b a n

can

c a n

c a n

fan

f a n

f a n

man

m a n

m a n

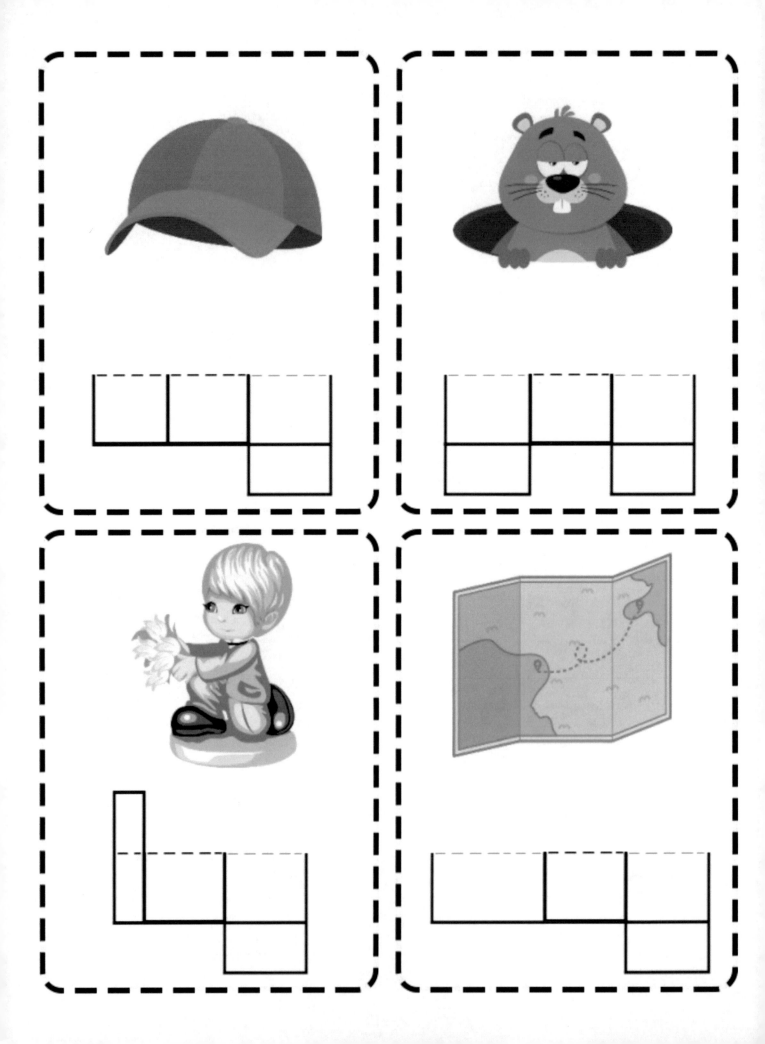

nap

nap

nap

rap

rap

rap

sap

sap

sap

tap

tap

tap

gas

gas
gas

bed

bed
bed

fed

fed
fed

led

led
led

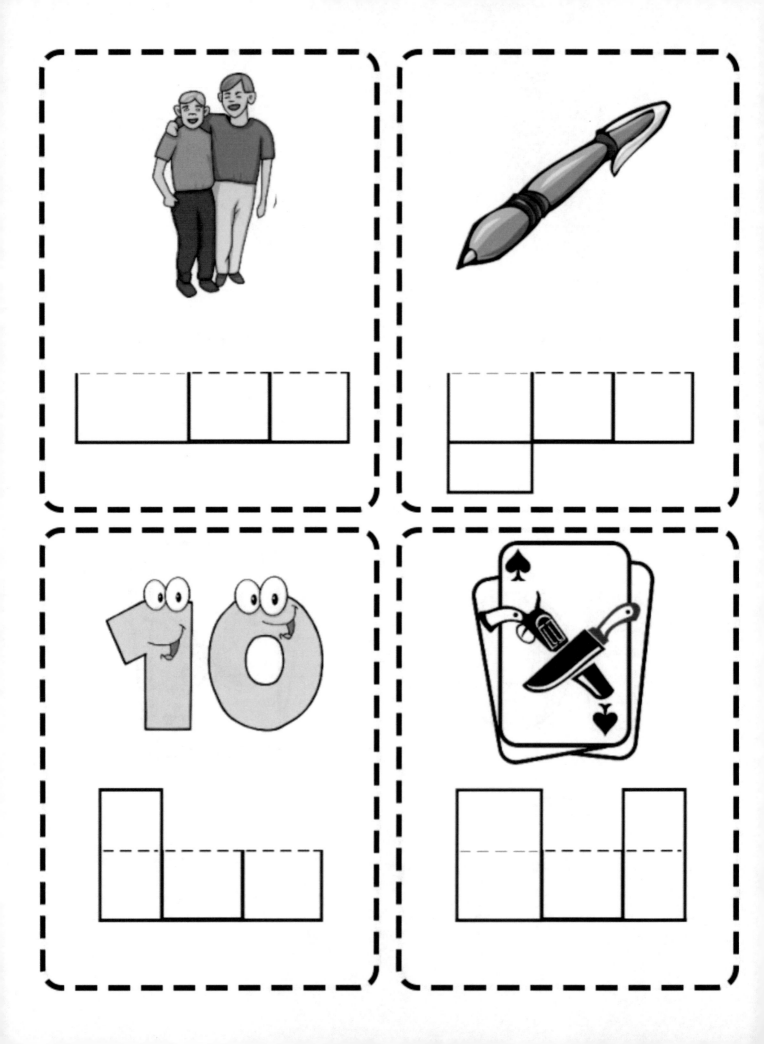

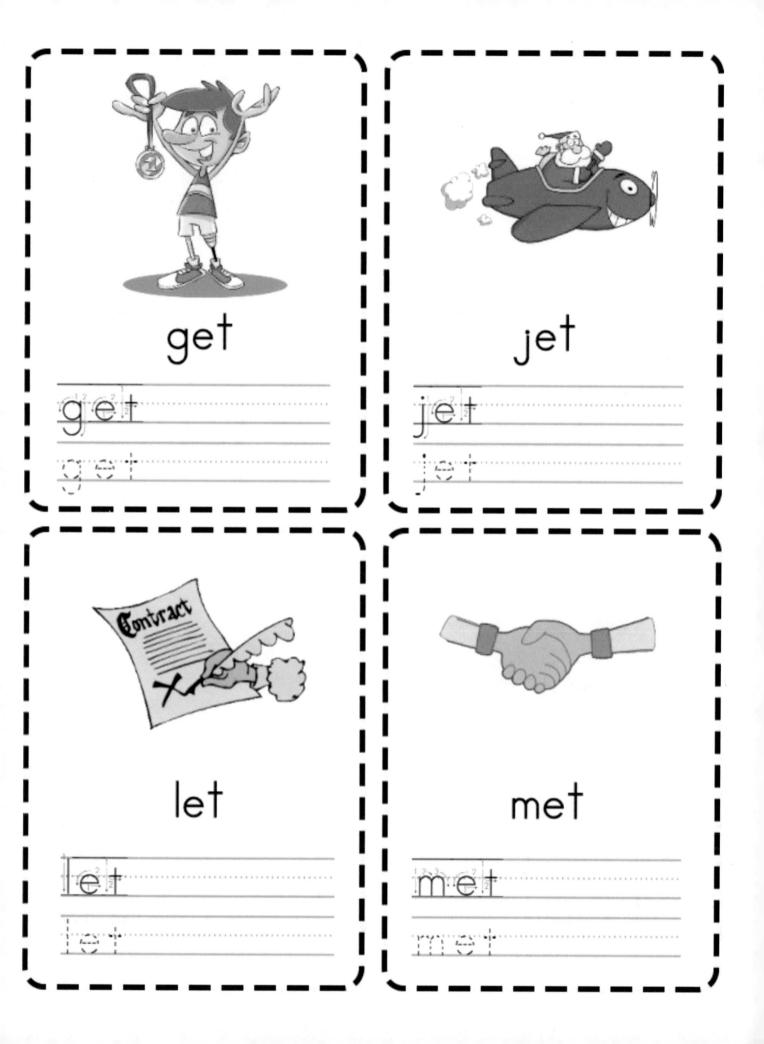

wet

wet
wet

feb

feb
feb

web

web
web

gem

gem
gem

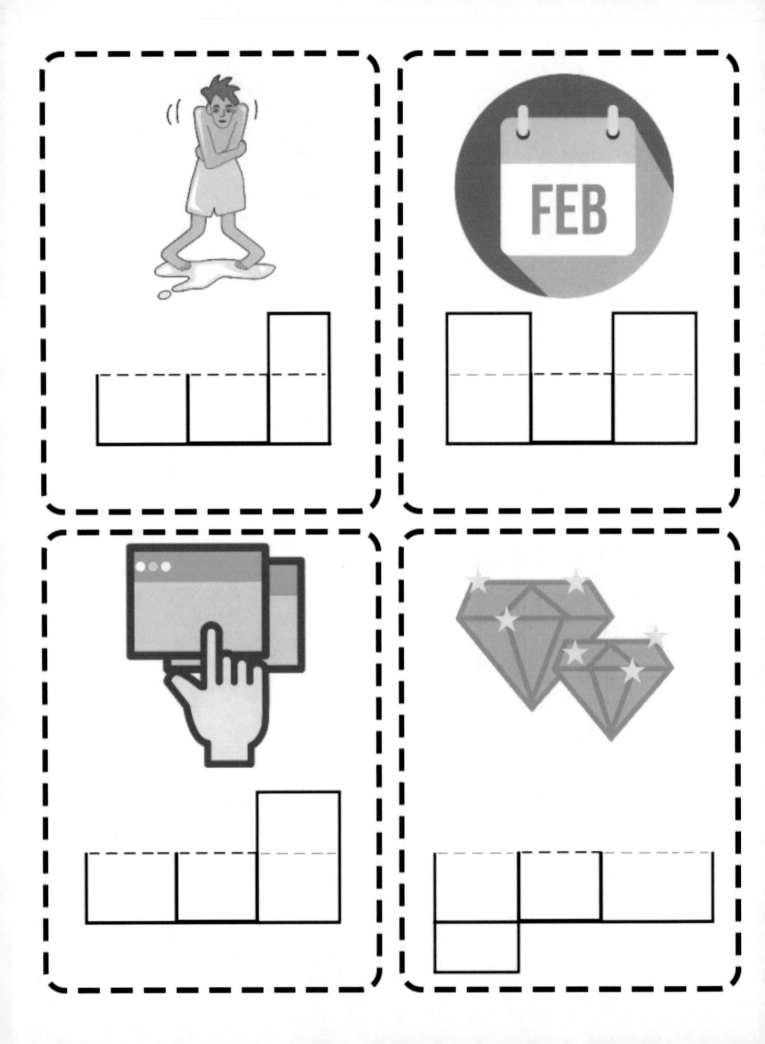

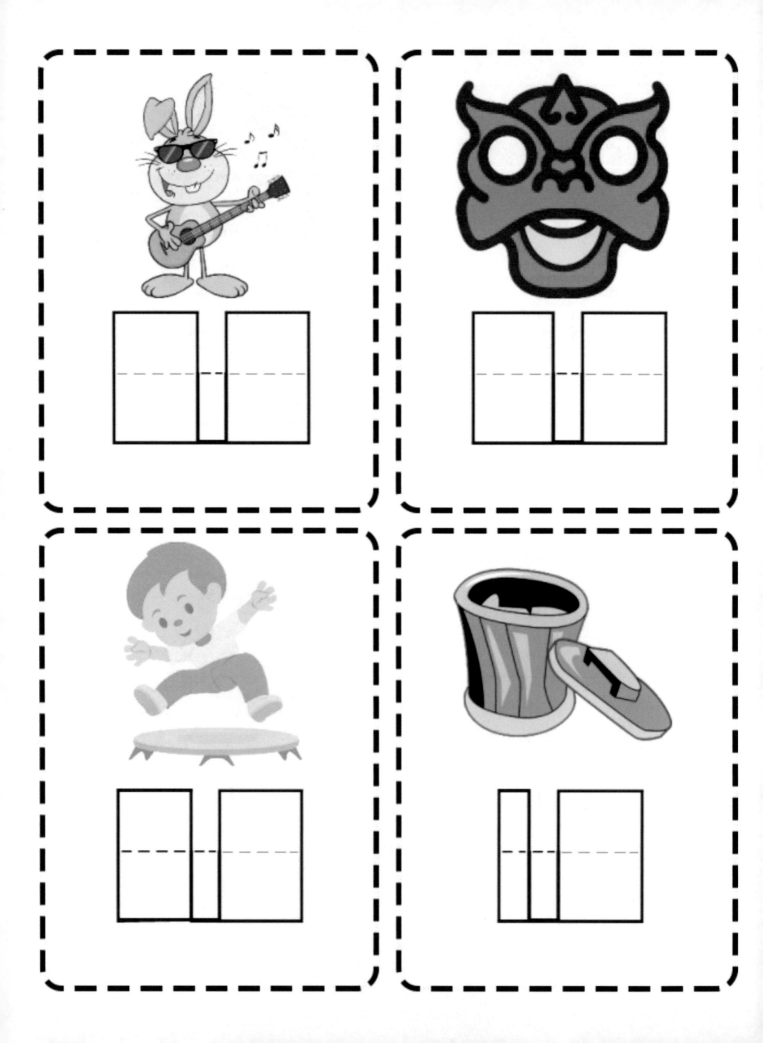

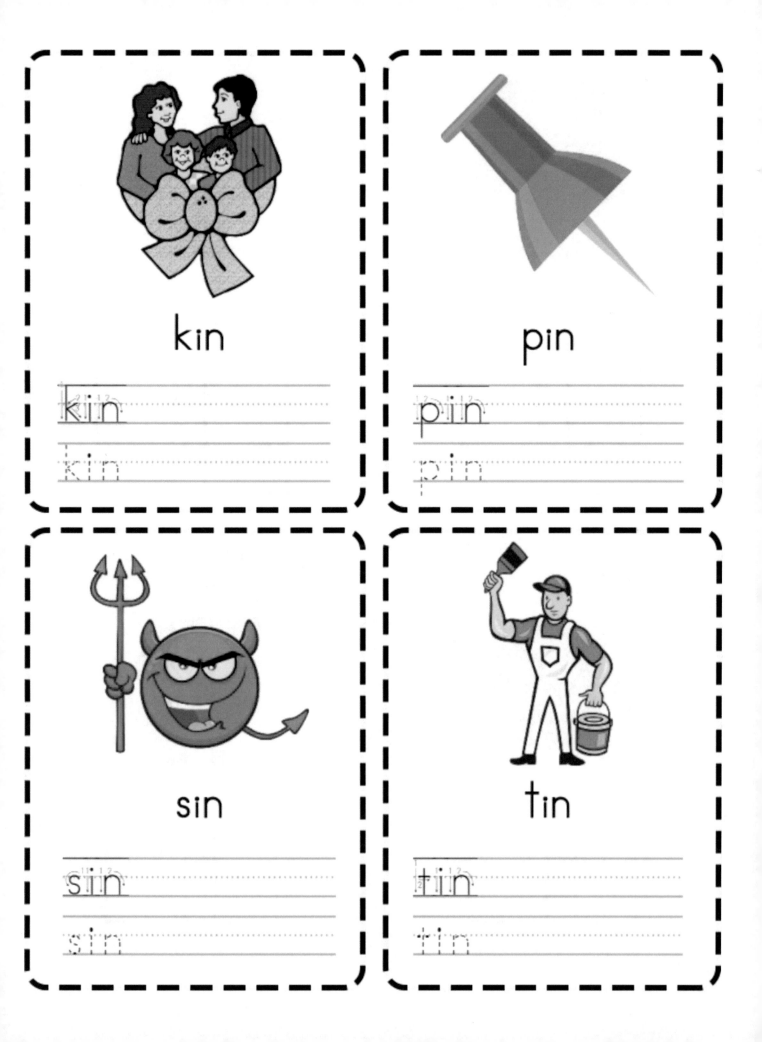

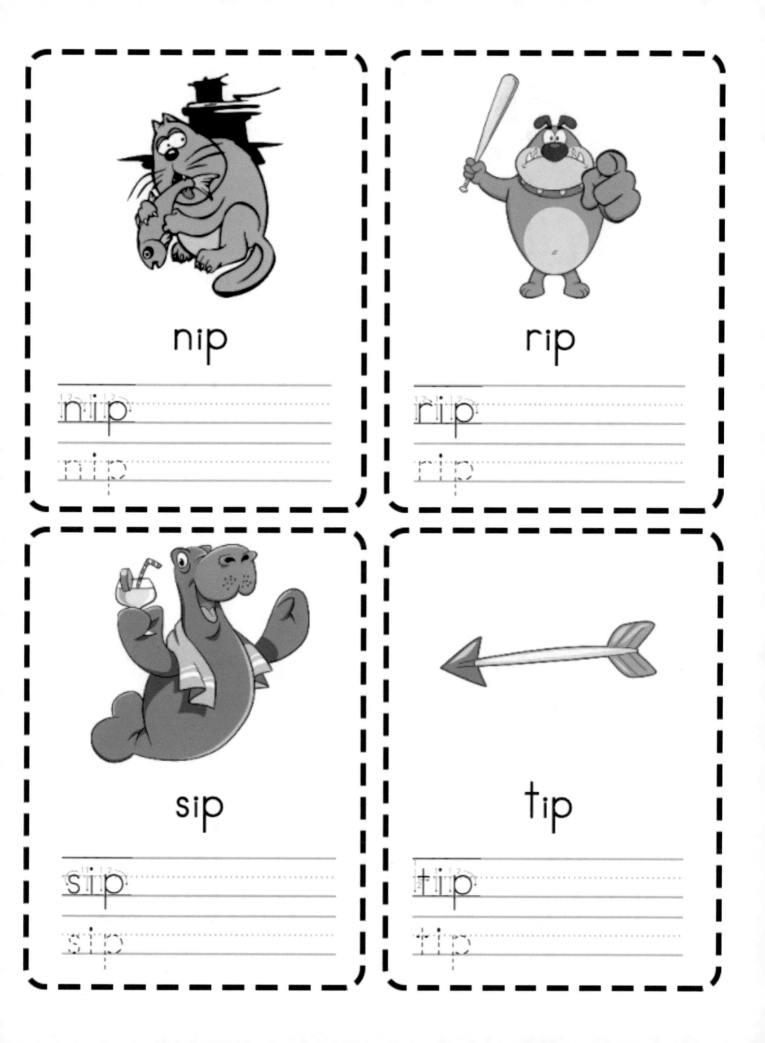

yip

yip

yip

zip

zip

zip

bit

bit

bit

fit

fit

fit

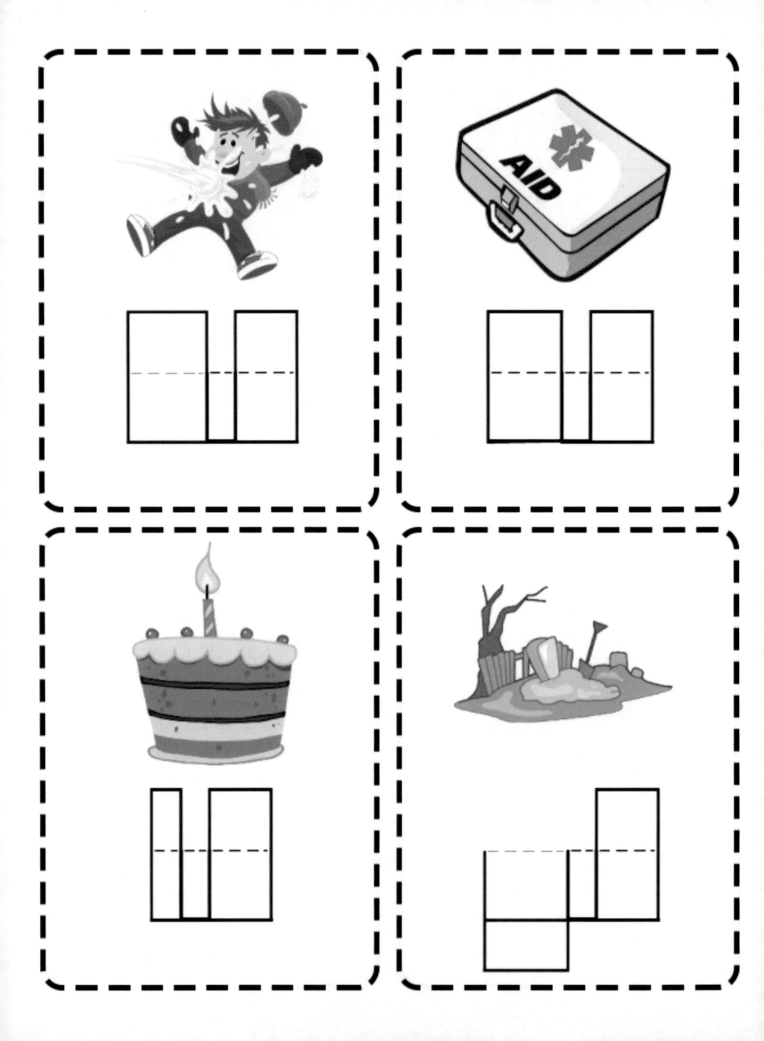

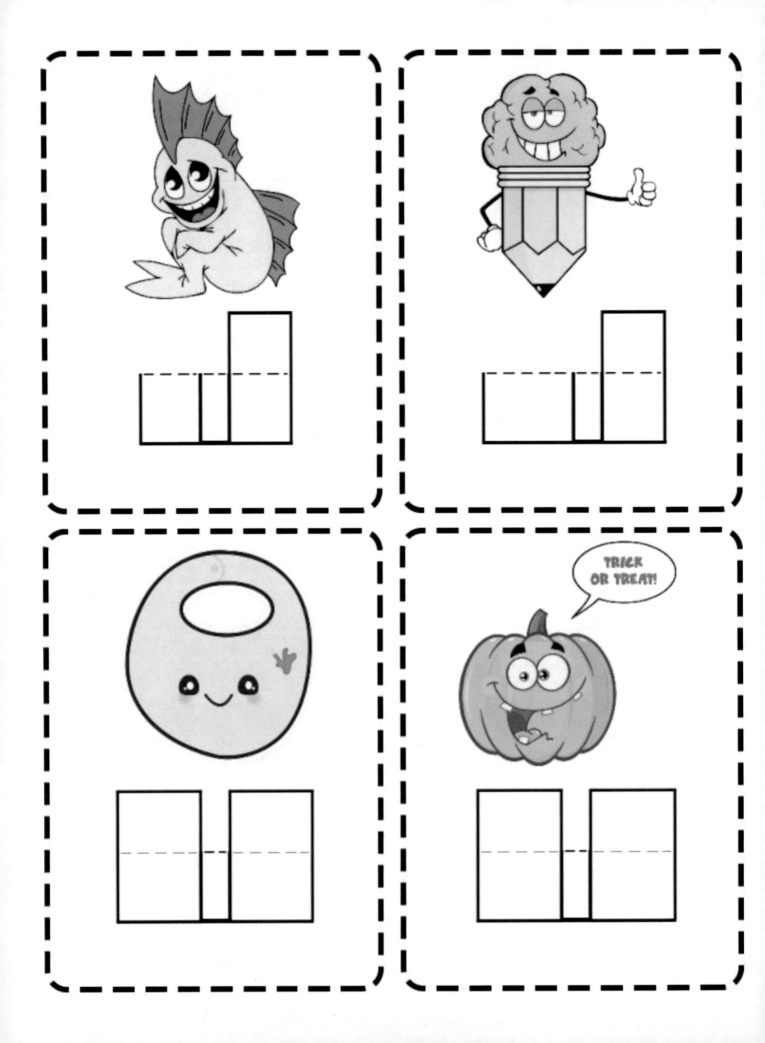

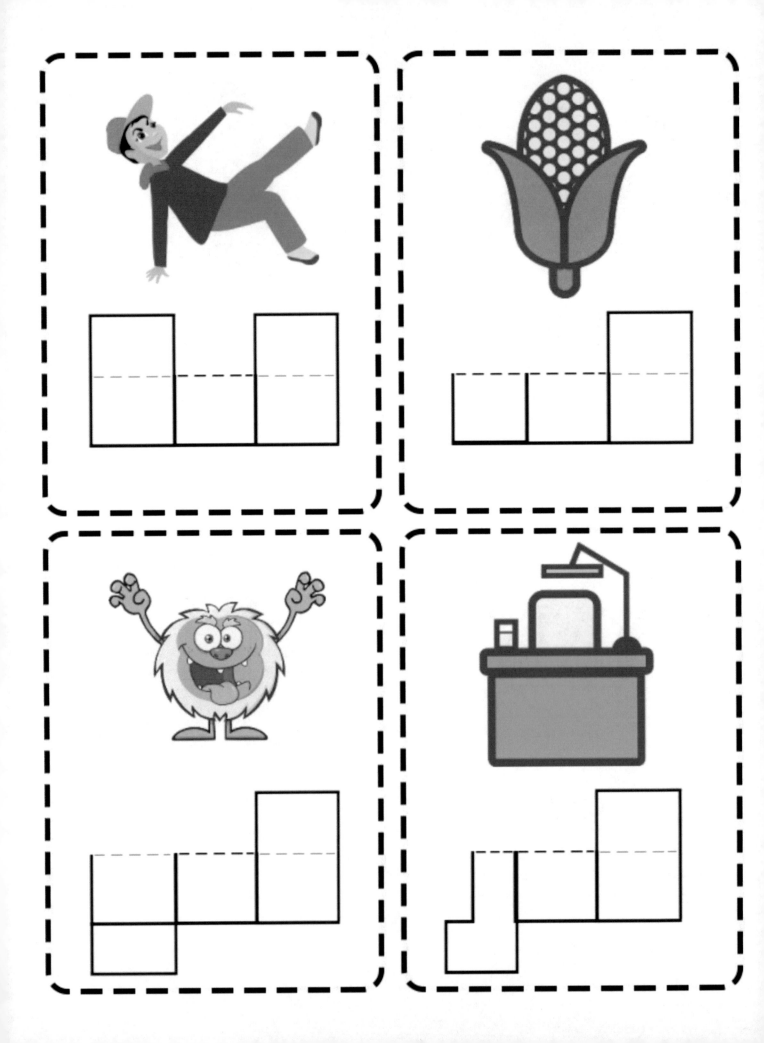

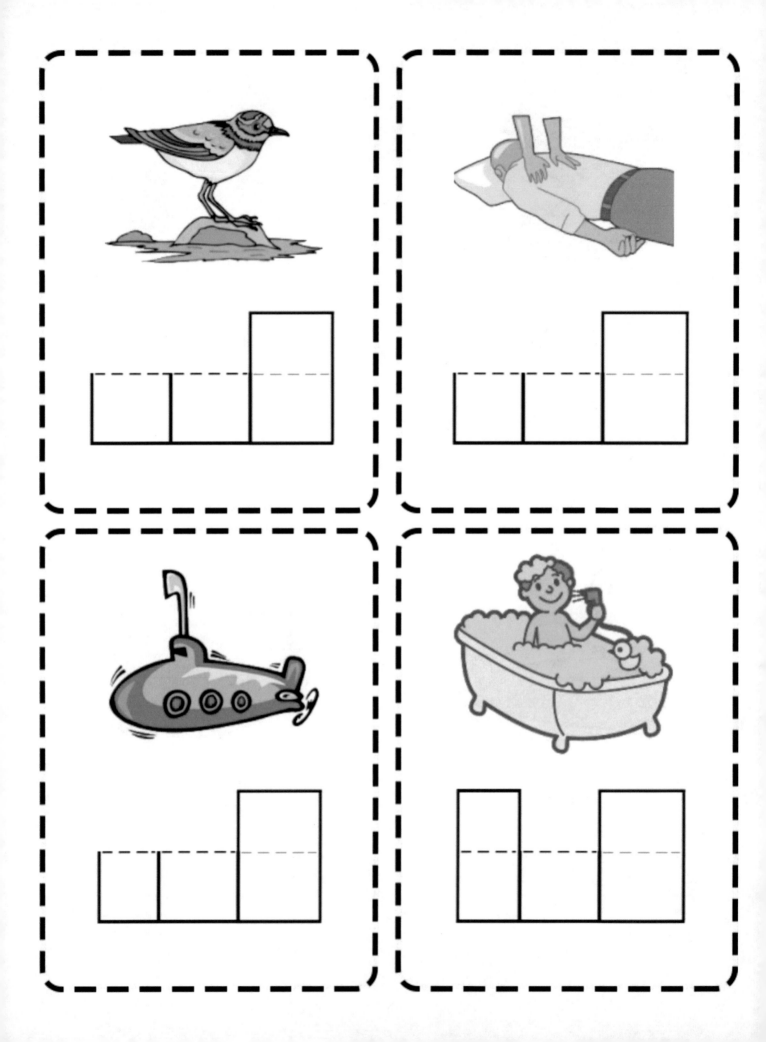

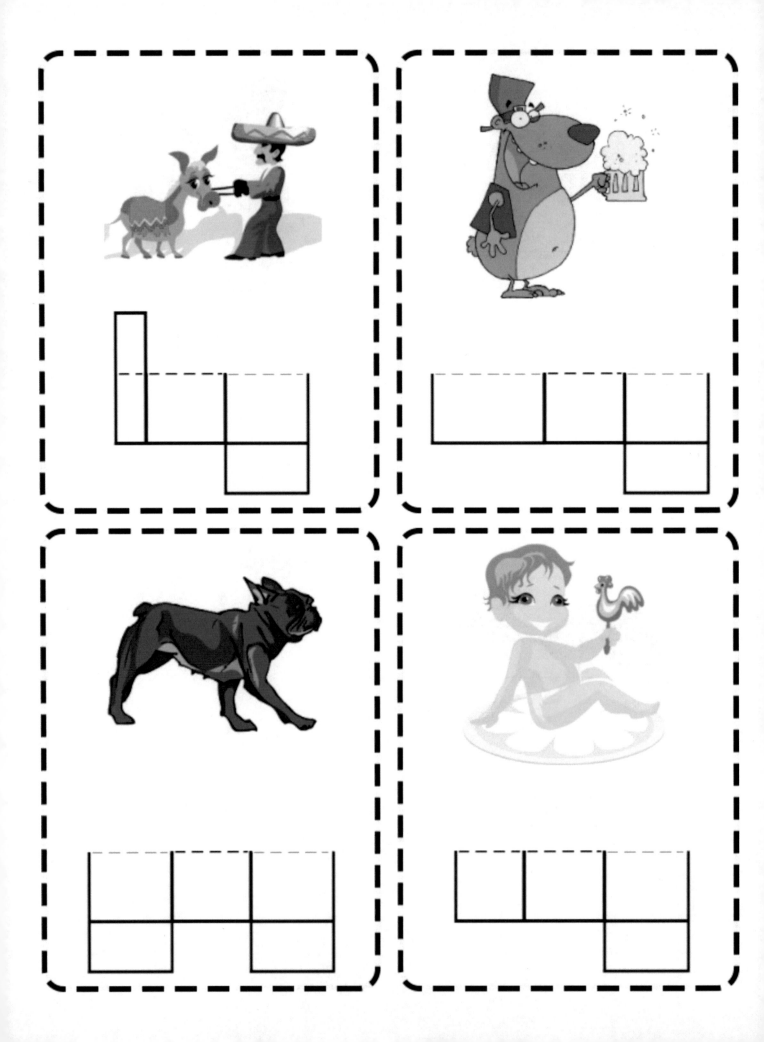

mum

m u m

mum

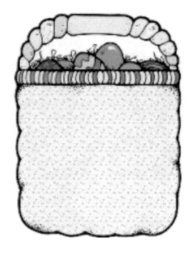

sum

s u m

sum

bun

b u n

bun

dun

d u n

dun

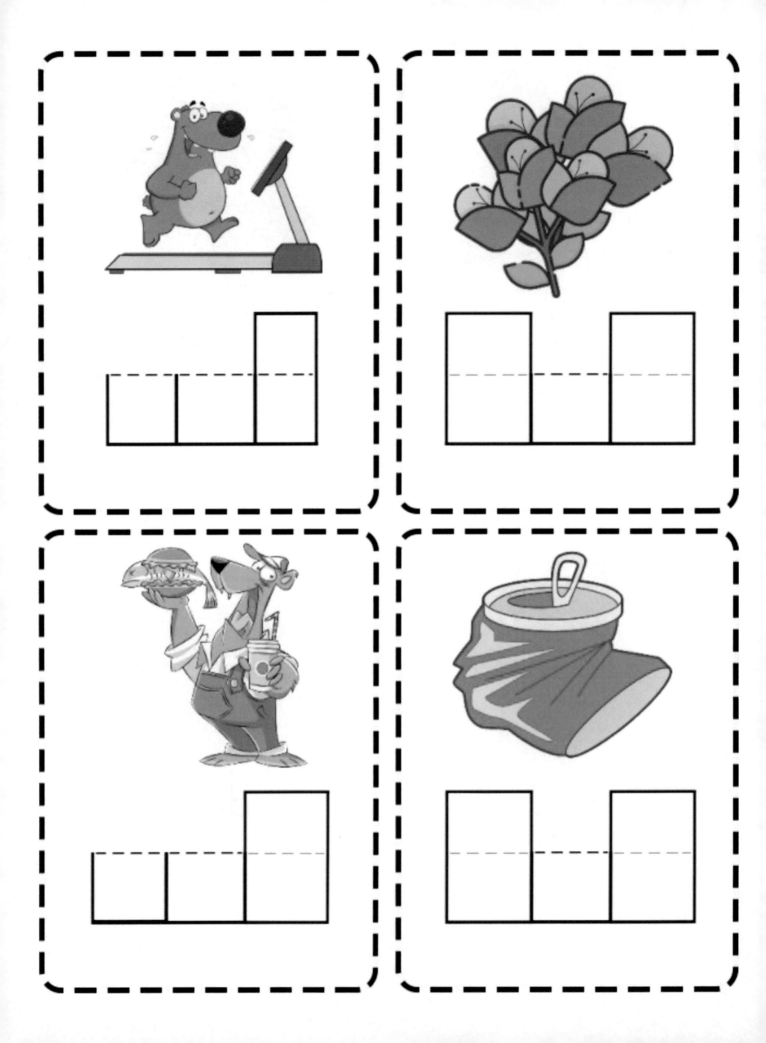

mud

mud
mud

pup

pup
pup

cup

cup
cup

bus

bus
bus

Made in the USA
Thornton, CO
09/01/24 10:26:33

7e72931b-5a7f-4606-a489-c95fb8606e5eR01